OBSERVATIONS

SUR L'ÉCRIT PUBLIÉ

PAR M. CLAUSEL DE COUSSERGUES.

OBSERVATIONS

SUR L'ÉCRIT PUBLIÉ

PAR M. CLAUSEL DE COUSSERGUES

CONTRE

M. LE DUC DECAZES,

Par M. le Comte d'Argout,

PAIR DE FRANCE.

A PARIS,

DE L'IMPRIMERIE DE P. DUPONT,

Et se trouve chez les marchands de nouveautés.

———

1820.

OBSERVATIONS

SUR L'ÉCRIT PUBLIÉ

PAR M. CLAUSEL DE COUSSERGUES.

PREMIÈRE PARTIE.

APRÈS avoir élevé, dans la circonstance la plus terrible et la plus douloureuse, une accusation follement atroce qu'il n'a su ni expliquer, ni rétracter, ni soutenir; après avoir subi le nom de calomniateur, sanctionné par la Chambre, M. Clausel de Coussergues transforme aujourd'hui la poursuite solennelle qu'il annonçait contre M. le duc Decazes, en un simple libelle diffamatoire. Une première et rapide lecture de cet écrit, en nous montrant partout l'aveuglement de la haine, atteste aussi son impuissance. Beaucoup de faits mensongers, de conjectures vagues, de suppositions insidieuses péniblement accumulées sur une administration de cinq années attaquée dans toutes ses parties, n'approchent cependant en rien de l'énormité de cette première accusation annoncée par M. Clausel. Il a vainement dépouillé tous les libelles antérieurs pour composer le sien; il a vainement mêlé les attaques les plus odieuses et les griefs les plus futiles ; tout ce travail laisse peser sur lui le nom qui lui a été infligé en présence et avec l'assentiment de la Chambre. M. Clausel aurait raison sur plusieurs des points que renferme son pamphlet, qu'il n'en resterait pas moins calomniateur. Mais il nous sera facile de prouver qu'il a tort sur tous les points, qu'il n'a réuni que des assertions absurdes, que des mensonges de parti, des fables grossières, et qu'enfin le même vertige de haine, la même animosité crédule ou menteuse, qui inspira la première accusation de M. Clausel, a dicté ce long et pesant mémoire écrit à loisir. Je réponds à la hâte, en suivant l'ordre ou le désordre que M. Clausel a lui-même suivi dans ses attaques. Cette précipitation demande l'indulgence; d'autres motifs, tirés de la nature ou de l'objet de cet écrit, nous font espérer l'intérêt public. Un honnête homme, un excellent citoyen, un ministre fidèle, lâchement, odieusement calomnié, un homme modéré dans le pouvoir, bienveillant par caractère plus encore que par politique, un homme qui a mérité et conservé tant d'amis, en butte à une haine furieuse ; voilà, sans doute, des motifs qui suffisent pour mériter l'attention. La haine contre M. Decazes n'est d'ailleurs que le prétexte d'une haine plus vaste et qui ne s'arrêterait pas à une seule victime ; et quelque chose me dit, qu'en le défendant, je n'acquitte pas seulement la dette de la justice et de l'amitié, et que je remplis plus d'un devoir et défends plus d'un intérêt. Nous savons, il est vrai, que M. Clausel n'est pas même l'organe fidèle d'un parti : nous savons que sa violence est désavouée, sa conduite blâmée ; mais, lorsqu'il s'agit d'attaques aussi odieuses, il n'y a pas d'adversaire indigne de réponse.

Dans quelle situation était la France en 1815, et quel aspect offrait-elle en 1819, avant le crime horrible qu'elle déplore, avant que le poignard d'un obscur scélérat vint frapper l'un des héritiers du trône ? Voilà la première question que doit s'adresser tout homme qui veut juger impartialement les quatre dernières années. M. Clausel veut établir, par une longue série d'accusations, que M. Decazes a, pendant quatre années, multiplié tous les actes arbitraires, persécuté les royalistes, conspiré contre la monarchie, ébranlé le trône par tous les genres de fautes et d'attentats ; et toutefois c'est pendant ce période de quatre ans que la France est sortie de l'abîme de l'invasion, qu'elle s'est confiée et accoutumée à la Charte, que des lois d'exception rigoureuses ont été progressivement remplacées par l'ordre régulier et par le plus haut degré de liberté que la France ait jamais connu. C'est en 1818 que la France délivrée prit son rang dans l'alliance des cinq grandes puissances, et passa de l'espèce de surveillance momentanée qui lui avait été imposée, à cette égalité à laquelle elle a droit dans l'Europe. Loin que ces quatre années nous paraissent si désastreuses, nous nous garderons de supposer que tout ce qui s'est fait de salutaire et d'honorable, pendant cette époque, puisse être attribué à un seul homme. M. Clausel, dans la logique de sa haine, ne voit, n'entend, ne poursuit que M. Decazes. Il reconnaît sa main dans les actes les plus divers. Il lui prête les intentions les plus inconciliables. Mais, si M. Decazes a tout fait, il a tout mérité, l'éloge comme le blâme. Comparez la France de 1815, la France envahie, taxée par les alliés, la France couverte de destitutions, d'emprisonnemens, d'exils, à la France de 1819, à la France indépendante et pacifiée, riche d'un crédit que recherche le commerce de l'Europe. La sagesse du Roi, la confiance qu'inspirent ses vertus, l'éclatante manifestation de sa volonté personnelle, avaient sans doute la première part dans ce grand ouvrage ; mais son ministère n'y était pas étranger, M. Decazes faisait partie de ce ministère.

Disons-le d'abord, le grand crime, le crime véritable, de M. le duc Decazes aux yeux de quelques hommes, est tout entier dans l'ordonnance du 5 septembre, qu'il n'a pas même contresignée, mais dont on le suppose avec raison le sincère et constant approbateur. C'est l'ordonnance du 5 septembre qui fait tout le fond de ce procès, commencé depuis quatre ans, et que M. Clausel poursuit encore aujourd'hui devant le public. C'est l'ancienne majorité de 1815 qu'il s'agit de venger de tout reproche, en attendant qu'on puisse la recomposer. C'est le système de modération annoncé dès-lors au milieu même de la violence des passions, que l'on veut condamner et flétrir. Et cependant M. Clausel commence par accuser M. Decazes de réaction et de violence, pendant cette même époque, pendant cette même session. Mais heureusement tout s'est fait à la vue de la France. On sait ce qui est dû à chacun. Qu'importe que M. Clausel vienne aujourd'hui produire quelques lettres rigoureuses écrites par le ministre de la police. La célèbre discussion sur les catégories eu

a-t-elle moins existé? Les prétentions, les menaces échappées à des membres de la majorité,
en ont-elles moins retenti dans la France ?
M. Clausel de Coussergues lui-même s'en est-il
moins levé pour réclamer à la tribune le rétablissement de la confiscation sous le nom d'a-
mendes, et violer ainsi l'amnistie royale par
une infraction odieuse à la Charte? En a-t-on
moins vu le ministère accusé de mollesse,
de négligence, de partialité pour les factieux,
lutter péniblement contre les violences impo-
litiques et les inovations rétrogrades qu'un
parti puissant voulait lui imposer? N'est-ce pas
une injustice bien capricieuse, après avoir si
long-temps poursuivi M. Decazes comme l'adversaire de la majorité de 1815, de venir l'accuser
d'avoir surpassé les intentions de cette majorité? On sait pourtant qu'elle ne punissait point
les excès de zèle. D'où serait donc venu la divi-
sion entre cette majorité si vive, et le ministre qui
aurait surpassé ou seulement servi sa violence?
Que l'on explique aujourd'hui certains mouvemens de la Chambre de 1815 par le souvenir si
récent des cent jours, par la gravité des circonstances, par le zèle, par la passion, nous pouvons
le concevoir; mais que l'on vienne à la fois justifier toutes les rigueurs de 1815, et les imputer

à M. Decazes, accusé de trahison, précisément parce qu'il les a combattues, c'est une inconséquence insoutenable, c'est un excès de mauvaise foi, où l'esprit de parti s'est rarement élevé. M. Decazes peut répondre : « La preuve que je n'ai pas fait ce dont vous m'accusez, c'est que vous êtes mes accusateurs. »

En fait, aussitôt après la promulgation de la loi d'exception du 29 octobre, M. Decazes ayant publié une circulaire très-sage pour régler l'application des mesures et pour prévenir toute rigueur excessive et inutile, ce premier acte excita contre lui l'irritation et la défiance du côté droit. Là commença cette lutte pénible dans laquelle le jeune ministre aurait succombé sans l'auguste volonté qui veillait au maintien de la Charte. Cependant que d'obstacles ne fallut-il pas vaincre avant d'arriver au terme de la session! L'ordonnance du 5 septembre fut rendue. Les résistances d'une partie du ministère aux envahissemens de la majorité de 1815 ; la volonté hautement prononcée du Roi pour le maintien du gouvernement représentatif et des intérêts nouveaux avaient préparé, avaient suffisamment expliqué la dissolution de la Chambre. L'ordonnance du 5 septembre parut aux yeux de la France une seconde promulgation de la Charte. Envisagé sous ce rapport, sans aucune amertume contre les hommes, sans aucune censure injurieuse des intentions, cet acte solennel de la prérogative royale devait servir la monarchie, parce qu'il offrait en son nom une garantie incontestable et spontanée. Il la rendait populaire sans la désarmer; il montrait la main du Roi soutenant son ouvrage; il montrait le Roi comme premier tuteur des droits de son peuple, ajoutant à l'autorité de la Charte la sanction d'un grand exemple. Si cette déclaration royale fut suivie des mesures inspirées par la même politique; si des rigueurs, quelquefois nécessaires, presque toujours imposées, furent depuis cette époque successivement adoucies, un tel résultat sans doute n'a pas besoin d'être justifié.

A côté des circulaires où M. Decazes donnait des instructions aux préfets pour l'exécution de la loi du 29 octobre, pourquoi M. Clausel ne produit-il pas tant d'autres lettres que M. Decazes opposait aux réactions, aux vengeances de l'esprit de parti, lors même qu'il se couvrait des noms les plus honorables? Que ne montre-t-il M. Decazes, au milieu de 1815, réprimant une foule d'excès particuliers, attaquant les erreurs du faux zèle, ou les intrigues des ambitieux subalternes, travaillant à faire prévaloir par-dessus tout le nom et l'autorité du Roi, et à faire sentir par la répression de toutes les tyrannies locales que c'était du trône que chacun devait attendre sa sécurité? Comment M. Clausel néglige-t-il de pareilles pièces? elles sont nombreuses; ce serait pour lui un beau prétexte de crier à la trahison! Tel fut en effet le système de M. Decazes de ne laisser aucun excès impuni, aucune persécution privilégiée, de ne plus voir de révolutionnaires là où il n'y avait plus que des sujets soumis. Tel devait être l'esprit des ministres du Roi. La rentrée d'un souverain légitime dans ses états n'est pas une victoire à la suite de laquelle il faille poursuivre les vaincus, faire des prisonniers et recueillir des dépouilles.

Non certes, l'époque de la clémence et de la libération ne ressemble pas aux premiers temps de 1815; mais cette époque fut hâtée par la constance du Gouvernement à lutter contre les passions de la première. Que l'on considère la minorité de la Chambre de 1815, cette minorité si énergique dans sa modération, si éclairée dans son zèle; cette minorité dont les services envers la France sont incalculables comme les maux qu'elle a prévenus; cette minorité, amie du trône légitime, dont les élémens divers, mais alors si fortement unis par un danger commun, ont exercé et exercent encore tant d'influence. Elle sanctionna plus d'une mesure rigoureuse que les circonstances rendaient nécessaire; dans la session suivante, devenue majorité, elle prêta au Gouvernement un loyal appui pour toutes les mesures de modération; elle le soutint, elle le fortifia contre les écarts d'un zèle imprudent. Accusera-t-on de faiblesse ces hommes honorables, parce qu'ils ont voulu d'abord affranchir le trône, et lui demander à lui-même la force nécessaire pour consolider son ouvrage?

M. Decazes s'est trouvé placé, pendant les deux premières années de son ministère, dans une position politique qui donne aujourd'hui une sorte d'avantage à ceux de ses ennemis qui ont le moins droit d'en profiter, et qui par pudeur devraient s'interdire d'en faire usage. Exécuteur des lois d'exception, M. Decazes appelait sur lui la responsabilité non-seulement des mesures individuelles, mais de la défaveur qui s'attache à l'exercice du pouvoir discrétionnaire en lui-même. Sa situation était essentiellement impopulaire. Le caractère qu'elle avait eu devait même devenir d'autant plus défavorable, que le régime de la liberté légale succéda plus promptement aux lois exceptionnelles. Malgré ces désavantages , l'administration de M. Decazes rappelle encore aujourd'hui des idées de modération et de garantie. N'est-il pas étrange de voir les éternels accusateurs de M. Decazes, les hommes qui l'ont si prompte- ment et si violemment attaqué, parce qu'il leur paraissait un dépositaire timide, un exécuteur perfidement modéré de leurs lois, lui reprocher aujourd'hui d'avoir aggravé la rigueur de ces mêmes lois !

Mais les faits ont répondu à cette accusation déjà réfutée par le nom de ses auteurs. Après ce long exercice d'un pouvoir discrétionnaire , quelle plainte individuelle s'est fait entendre contre M. Decazes ? Au milieu de la plus grande liberté de la presse, parmi tant d'attaques inju- rieuses, quel homme a dit à M. Decazes : Vous avez abusé de la loi contre moi ; vous m'avez in- justement ravi ma liberté? Aucun. Certes, ce silence au milieu d'un déchaînement si furieux, est un témoignage irrécusable en faveur de la modération que M. Decazes a constamment portée dans les circonstances difficiles.

Parmi les prétendues victimes de l'arbitraire légal qui lui a été principalement confié, aucun témoin ne s'est élevé contre lui ; un accusateur

se présente seul. Quel est-il? C'est le provoca-
teur de toutes les mesures rigoureuses, l'orateur
de la confiscation; c'est M. Clausel de Coussergues.

Je développe avec étendue ce premier point
précisément à cause de la défaveur qu'une lâche
hypocrisie politique espérait y attacher. Tout le
monde pourrait accuser M. Decazes relativement aux lois d'exception, que vous seul n'en
auriez pas le droit, vous l'apôtre de toutes les
rigueurs illégales! vous que M. Lainé écrasa par
l'expression d'un sentiment généreux lorsqu'en
1817 vous demandiez la proscription de quelques réfugiés espagnols! Mais M. Decazes n'a
nul reproche à craindre. On lui rend universel-
lement cette justice, qu'il a usé modérément
d'un grand pouvoir et d'une loi redoutable.

M. Clausel n'en propose pas moins pour premier chef d'accusation contre ce ministre d'a-
voir, au mépris de l'article 4 de la Charte, etc.,
violé la liberté d'un grand nombre de sujets du
Roi en 1815; d'avoir abusé du nom du Roi,
soit pour repousser les amendemens à une loi
pénale, soit en faisant intervenir le nom de
S. M. dans l'exécution même de cette loi.

Mais il y a tant d'incohérence dans cet énoncé;
il est si bizarre de poursuivre, en vertu de la

Charte, le ministre agissant au nom d'une loi qui était une dérogation spéciale à la Charte ; il est si ridicule de prétendre que l'opposition du ministère à des amendemens puisse constituer un délit ; il est si impossible de deviner ce que M. Clausel a voulu dire par ces mots, faire intervenir le nom de S. M. dans l'exécution d'une loi, que nous abandonnons ce premier chef d'accusation à sa propre absurdité.

M. Clausel, qui devrait craindre de parler de la loi d'amnistie, élève une autre attaque au sujet d'une circulaire de M. Decazes sur cette loi. Nous nous arrêterons volontiers à cette question qui explique à la fois la position et la conduite de M. Decazes en 1815. Suivant M. Clausel, ce ministre aurait voulu étendre les effets de la loi, atteindre ceux qu'elle exceptait, et frauder la clémence royale. On croirait, à entendre M. Clausel, que M. Decazes voulait ainsi rétablir indirectement les catégories qu'il avait combattues avec tant de force à la tribune. Voyons les faits et rapprochons l'article de la loi et les expressions de la circulaire. L'article 5 de cette loi est ainsi conçu : « La présente amnistie n'est » pas applicable aux personnes contre lesquelles » ont été dirigées des poursuites, ou sont inter» venus des jugemens *avant la promulgation de*

» *la présente loi ;* les poursuites seront continuées
» et les jugemens exécutés conformément aux
» lois. » La circulaire s'exprime ainsi : « Mon-
» sieur le Préfet, vous pouvez continuer ou pres-
» crire, *avant la promulgation* de la loi, toutes
» les poursuites pour délits politiques qui se-
» raient réclamées par la gravité des accusations
» et par la nécessité de faire des exemples. »

Rapprochons aussi les dates sur lesquelles
M. Clausel a la maladresse d'insister. La loi, s'é-
crie M. Clausel, fut promulguée le 12 janvier,
et cette circulaire, qui autorise des poursuites,
est écrite également le 12 janvier! Oui, sans
doute; mais que dit-elle? elle autorise des poursuites qui doivent être antérieures à la promulgation de la loi; c'est-à-dire elle n'autorise aucune poursuite, si la loi est déjà promulguée.
Elle est illusoire, elle avait intention de l'être.
Croit-on que, si le ministre avait en effet cherché
l'aggravation des rigueurs de la loi, il ne lui était
pas facile de hâter l'émission d'un ordre pareil?
Ne pouvait-il pas l'adresser lorsque la loi était
encore devant la Chambre des pairs, ou soumise
à la sanction royale? Que signifie donc cette circulaire tardive et portant dans ses termes une
condition expresse qui détruit l'autorisation
qu'elle semble donner? Elle signifie qu'un acte

semblable était depuis long - temps demandé à M. Decazes par l'influence d'un parti ; que des hommes contre lesquels il avait à lutter chaque jour ; s'efforçaient de le lui imposer, que, convaincu de l'inutilité d'une pareille rigueur, il ne parut y acquiescer que lorsqu'elle était impossible dans l'exécution. Voilà l'explication évidente de cette pièce si ridiculement attaquée ! Voilà la réponse opposée aux déclamations de l'accusateur. Mais, dira-t-on, ce simulacre de mesures comminatoires n'était-il pas au-dessous de la dignité et de l'indépendance d'un ministre du Roi ? Nous ne prétendons pas nier que 1815 n'ait coûté au ministère de cette époque plus d'une concession pénible ; cette dénégation serait fort superflue ; mais ce qu'il importe d'établir, ce que M. Clausel ne peut détruire, ce que sa haine atteste, c'est que M. Decazes, tantôt par sa fermeté, tantôt par des ménagemens habiles, lutta contre l'exagération de cette époque ; cette circulaire fut inutile, avoue M. Clausel, et, en même temps il s'indigne aujourd'hui de son existence en 1815 : il ne s'indignait que de son inutilité, et il en eût fait alors un crime à M. Decazes. Personne n'est dupe de ces changemens de rôles et de ce zèle soudain pour les principes constitutionnels. Une circulaire tardive, inexé-

cutée, volontairement et nécessairement inexé-
cutable, était, il faut l'avouer, la rançon bien
légère de ces catégories repoussées avec tant
d'efforts, et qui aurait multiplié sans bornes les
coupables et les échafauds. Que penser maintenant de M. Clausel qui, à la suite de ces paroles
textuelles, AVANT *la promulgation de la loi,* propose
d'accuser M. Decazes pour avoir voulu rendre
le gouvernement du Roi odieux, en effaçant le
bienfait de l'amnistie par des procédures enta-
mées APRÈS *la promulgation* de la loi? Ces mots
avant ou *après* peuvent-ils donc être indiffé-
remment substitués l'un à l'autre? Quel aveuglement de haine peut à la fois imaginer une
pareille contradiction, et la rendre si grossière-
ment palpable par l'opposition des termes!

Nota. Je me suis attaché surtout à réfuter les assertions générales. Mais il est quelques impostures de dé-
tail qui doivent trouver dans des notes non pas une
réfutation mais un démenti. M. Clausel affirme au commencement de son ouvrage que M. *Fouché présenta et
fit accepter* M. Decazes pour remplir la place de préfet
de police.

Ce fait est de toute fausseté ; il y a plus, pendant tout
le ministère de Fouché, M. Decazes fut constamment en
opposition avec lui.

SECONDE PARTIE.

Ordonnance du 5 septembre.

Nous avons déjà parlé de ce chef d'accusation, parce qu'il renferme, à lui seul, les motifs de l'accusation toute entière. C'est le crime capital, indélébile; c'est la barrière insurmontable entre M. Decazes et les amis de M. Clausel. Par une fatalité remarquable cependant, cette cause première de tant de dénonciations et de haines est la chose dont M. Clausel parle le moins. Sans doute il craint de se permettre une censure qui remonte jusqu'à la prérogative personnelle et à la volonté du Souverain. Sans doute aussi, ne voulant pas attaquer d'anciens collègues de M. Decazes, qui prirent part à l'ordonnance du 5 septembre, et tous les ministres actuels, qui en furent les approbateurs et les partisans, il ne sait comment concilier ses ménagemens et ses haines, et poursuivre dans M. Decazes ce que, pour le moment, il est obligé de pardonner

2

à tant d'autres. Nous plaignons l'embarras de M. Clausel; mais, s'il veut s'en délivrer; s'il veut particulièrement imputer à M. Decazes une approbation à laquelle furent associés tant d'hommes honorables; s'il veut supposer que ce ministre, dans sa respectueuse attente des volontés du Roi, exprimait cependant, au plus haut degré, la conviction que l'ordonnance du 5 septembre était juste, indispensable et sagement populaire, aucun ami de M. Decazes ne repoussera ce reproche, et l'estime publique y verra le plus beau titre de son ministère. L'ordonnance du 5 septembre fit connaître et bénir les intentions.du Roi dans chaque village de la France; elle dissipa les craintes mensongères que l'on avait essayé de répandre dans la population; elle mit un intervalle immense entre les maux inséparables de l'invasion et le règne véritable, le règne bienfaisant et tutélaire du Roi légitime. La France et l'Europe y applaudirent. Souhaitons qu'elle ne redevienne jamais nécessaire !

Ne pouvant insister, comme il le voudrait, sur cette fameuse ordonnance du 5 septembre, qui lui paraît l'acte *le plus etonnant de l'autorité royale qu'offre l'histoire moderne*, et qui certainement fut l'un des plus sages, M. Clausel se jette sur les élections qui la suivirent. C'est rentrer

dans une polémique bien rebattue; c'est rappeler des griefs bien équivoques, bien usés, et
que tous les partis se renvoient incessamment
l'un à l'autre. Des élections appelleront toujours
des influences; on accusera toujours l'ascendant
des partis ou celui du pouvoir. M. Clausel reproche à M. Decazes *d'avoir écrit des circulaires
aux préfets en 1816* : nous sommes persuadés
qu'on écrira toujours des circulaires avant les
élections, et qu'elles auront toujours fort peu
d'influence. Il lui reproche encore *d'avoir me-
nacé de destitution des fonctionnaires publics :* nous
croyons que M. Decazes a de tout temps fait
beaucoup moins de destitutions que M. Clausel
et ses amis n'en demandent; *d'avoir fait répandre les plus noires calomnies contre les citoyens
les plus respectables, dans le seul but d'exclure des
élections les plus fidèles serviteurs du Roi, et les
députés que la nation avait librement élus l'année
précédente :* nous nions hautement l'emploi de
ces noires calomnies; nous renvoyons à M. Clausel l'abus de cette arme odieuse. Nous croyons
que, si la nation a librement élu en 1815 certains députés, elle a pu très-librement ne pas
les élire en 1816, 1° parce qu'elle les avait entendus pendant la session; 2° parce que, cette
année, les colléges électoraux étaient plus nom-

breux que l'année précédente. Mais M. Clausel ajoute, pour compléter ce chef d'accusation, que M. Decazes est coupable *d'avoir appelé aux assemblées électorales plusieurs électeurs auxquels avaient été appliquées par lui-même les dispositions de la loi du 29 octobre, et sans y être obligé par l'article 44 du Code pénal, lequel, en donnant au gouvernement le droit d'éloigner d'un certain lieu les personnes soumises à la surveillance de la haute police, ne suspend pas cette peine pendant la session des colléges électoraux.*

Cet homme, qui accusait M. Decazes d'arbitraire et de rigueur dans l'exécution de la loi du 29 octobre, lui reproche donc maintenant de n'avoir pas indéfiniment prolongé les applications de cette loi. Il trouve tout simple que la suspension de la liberté individuelle entraîne la faculté d'éloigner les électeurs. Ainsi quand la chambre actuelle a voté la loi du 26 mars 1820, cette chambre aurait armé le gouvernement du droit de disposer des élections et des électeurs ; elle aurait dépouillé ses mandataires de leur indépendance ; elle se serait mise elle – même à merci pour sa réélection future. Ah, M. Clausel ! avec l'article 44 du code pénal si bien interprété, et la loi du 26 mars dernier, quel système électoral vous nous feriez ! De pareilles accusations justifient puissamment M. Decazes ; car voilà les hommes et les principes qu'il a combattus pendant quatre ans, et dont il a rendu le complet triomphe impossible, dût-il succomber lui-même sous leur haine.

Mais est-il besoin de revenir sur ces questions, qui furent jugées souverainement pendant la Chambre de 1816? Est-il besoin de rappeler qu'à l'époque où un écrit célèbre, et partout publié, supposait une *arrière-pensée* dans l'ordonnance du 5 septembre, il fallait que les ministres de la couronne fissent connaître la vérité sur les intentions du Souverain? Il fallait, pour ainsi dire, que la voix du Souverain se fît entendre à côté de ces interprétations mensongères, par lesquelles on osait dénaturer les actes de sa volonté, attaquer sa royale pensée, et commettre le crime d'exciter la défiance publique contre ses paroles. En 1816, on a beaucoup mieux dit ce que M. Clausel répète aujourd'hui ; en 1816, une Chambre qui, suivant de sinistres augures, devait être une fille sanglante de la Convention, déclara les choix libres et légaux, et jugea sans appel toutes ces chicanes électorales que M. Clausel reproduit après quatre ans.

Des élections de 1816, M. Clausel passe à l'événement qui lui paraît sans doute le plus mé-

morable de la session, la pétition de mademoiselle Robert; il en fait un cinquième chef de criminalité, et l'on peut remarquer que c'est ici la
première allégation positive d'arbitraire qui soit
intentée contre ce ministre, si vaguement accusé
d'avoir abusé de la loi du 29 octobre. Mais en
vérité le choix n'est pas heureux. On n'a pas oublié, en cette occasion, le débat où M. Ravez,
s'adressant à quelques honorables membres du
côté droit, leur dit avec tant de vérité : De quoi
vous plaign z-vous, messieurs? voilà la justice
telle que vous l'avez faite. En effet de quoi s'a-
gissait-il? de l'application d'une loi essentiellement arbitraire, destinée à garantir la tranquil-
lité publique. Il n'avait pas été stipulé dans le
vote de cette loi, qu'il serait interdit au conseil
des ministres d'en faire usage, si par hasard les
présomptions qui pourraient motiver leurs décisions, s'appliquaient à un individu affichant
du reste un zèle excessif pour le trône. Le dis-
cernement de cette circonstance comme de
toutes les autres, était confié à l'arbitraire des
ministres. Sans doute cette latitude peut amener
des erreurs; elle en produirait surtout de bien
funestes et de bien nombreuses, si le pouvoir
était jamais confié à des hommes tels que
M. Clausel, à des hommes aveuglés par la pas-

sion, n'apercevant, hors de la couleur de leur opinion, que perfidie, complot, révolte; se croyant autorisés à tout faire parce qu'ils craignent tout, et persuadés (1) *qu'un parti très-nombreux en France, se compose de hordes révolutionnaires qui veulent la spoliation et l'oppression des gens de bien.* Concluons-en qu'il faut être avare de lois d'exception : mais cela ne prouve pas que M. Decazes en ait abusé; cela ne prouve pas que la Chambre de 1816 ait eu tort de passer à l'ordre du jour sur la pétition de mademoiselle Robert; cela n'empêche pas surtout que les argumens que M. Clausel tire aujourd'hui du code pénal, ne soient détruits d'avance par la définition si juste de M. Ravez : Voilà la justice telle que vous l'avez faite.

Les procès, les pamphlets les journaux ont tellement épuisé l'histoire des événemens de Lyon et de Grenoble, que M. Clausel n'a trouvé presque plus rien à dire sur ce déplorable sujet; il remonte cependant, pour accuser M. Decazes, à un premier grief dont il a été peu parlé jusqu'à présent. C'est une circonstance tirée de la pétition que les parens des condamnés de Grenoble ont adressée à la Chambre. D'après cette

____

(1) Paroles de M. Clausel.

autorité, il établit que Didier, compromis dans un premier complot qui avait été étouffé à Lyon avant le 8 juin, devait dès-lors être arrêté, et qu'ainsi la conspiration de Grenoble n'aurait pas éclaté. En vérité, on doit admirer dans M. Clausel ce désir d'économiser les conspirations. Ce n'est pas en général l'esprit des opinions qu'il professe, et c'est précisément pour avoir voulu réduire, suivant la vérité, le nombre et le danger des conspirations, que M. Decazes a excité contre lui quelques haines furieuses, et mérité l'estime des bons citoyens.

M. Clausel se bornant à un seul fait, la réponse est facile. L'ordre d'arrêter Didier avait été donné dès le mois de janvier 1816. Les autorités civiles et militaires étaient à sa recherche, lorsqu'il se refugia dans les montagnes du Dauphiné. Le danger dont il était entouré explique seul comment cet homme, avec d'aussi faibles ressources, eut la criminelle audace de marcher sur Grenoble ; ce fut le coup de désespoir d'un aventurier singulièrement hardi, qui traînait à sa suite quelques furieux et un petit nombre de paysans égarés. Que Didier ait pu échapper pendant quelques jours, jusqu'au moment où il fit sa criminelle tentative, c'est une chose que l'on conçoit sans peine, qui n'inculpe point la fidélité des dépositaires de la force publique, et qui, dans aucun cas surtout, ne peut accuser M. Decazes. Ce ministre donna les ordres nécessaires. Les événemens même de Grenoble ne le prirent pas au dépourvu. Il avait, plusieurs semaines auparavant, provoqué, par les lettres les plus positives (1), l'envoi d'une force militaire sur cette ville. Didier fugitif précipita sa coupable entreprise avec trois ou quatre cents personnes, et fut facilement repoussé.

Lorsque, dans la suite, d'imprudens orateurs rappelaient cet événement pour grossir les périls du trône, pour le montrer sans cesse entouré de factieux et d'ennemis, M. Decazes dut exposer la vérité, d'autant plus que cette vérité était rassurante pour la France, et montrait l'impuissance et le petit nombre des factieux, sur le point même où avait éclaté le plus déplorable désordre. On avait annoncé d'abord quatre ou cinq mille insurgés défaits, les chemins couverts de morts. Ces exagérations, qui motivaient des mesures sévères, furent connues, et M. Decazes les signala lui-même. Convaincu qu'une noble confiance était l'apanage du trône, il ne crut pas que le devoir d'un ministre con-

____

(1) Voir la note 1.

sistait à supposer beaucoup de factieux dans la
nation; il combattit cette erreur d'un zèle aveu-
gle qui se vantait d'un sang qu'heureusement
on n'avait pas eu besoin de verser.

Il paraît que M. Clausel, dans son système nouveau de criminalité, se borne uniquement, pour
accuser M. Decazes, à ce reproche de n'avoir
pas prévenu les mouvemens qui ont éclaté. Il
renouvelle le même grief au sujet du mouvement de Lyon du 8 juin 1817. Mais la pré-
voyance de l'autorité supérieure consiste à s'assurer de l'existence de tous les moyens d'ordre
et de répression. N'est-ce pas sa seule manière
de prévenir? M. Decazes connaissait, et a constamment apprécié le caractère honorable du
magistrat qui remplissait à Lyon les fonctions
de préfet. Une force militaire imposante était dans
cette ville. Toutes les garanties de sûreté publique existaient donc. Si le désordre pouvait
être prévenu, comment pouvait-il l'être sur les
lieux? par l'action immédiate, par le déploiement
opportun de quelques troupes. C'est ce que l'on
a répété dans la longue polémique sur cette
affaire. C'est ce qu'ont dit les antagonistes de
M. le général Canuel. M. Clausel raisonne en
cela comme M. de Senneville; mais en quoi
M. Decazes est-il responsable?

Aussi, le grief que M. Clausel énonce n'est pas le véritable; ce qui le blesse, ce qui a profondément irrité quelques hommes de parti, c'est la publicité répandue sur tous les détails de cette déplorable affaire; publicité inévitable et provoquée d'abord par les attaques injurieuses élevées contre M. le maréchal Marmont. Qu'a fait M. Decazes? il est intervenu par des mesures protectrices et modérées; on a cité dans un procès les lettres qu'il écrivait (1) pour faire cesser des vexations, des mesures irrégulières. M. Clausel n'ose pas les reproduire, n'ose pas en faire un titre d'accusation; elles expliquent la conduite de M. Decazes. Que des manœuvres séditieuses aient existé à Lyon, voilà ce que M. Decazes n'a jamais donné lieu de révoquer en doute par aucun de ses actes; mais sur les questions individuelles, sur la conduite de quelques autorités, le débat s'est ouvert, et l'opinion publique a pu s'éclairer.

Si un général qui commandait alors à Lyon se trouva un an après inculpé dans une conspiration dite royaliste, quels rapports, quelle liaison pouvez-vous établir entre ces deux faits! On sait que les premières révélations relatives à

____

(1) *Moniteur* du 10 décembre 1818.

ce sujet furent faites à un ministre qui n'était pas M. Decazes ; on sait que les premières poursuites furent dirigées par M. Bellart ; mais plusieurs feuilles anglaises avaient annoncé d'avance ce complot, et cela prouve l'action secrète de M. Decazes dans une procédure solennellement instruite. Voilà d'étranges preuves ! Que l'on se rappelle cette époque ; mille bruits circulaient sur le mécontentement de certains hommes ; de prétendus royalistes accusaient hautement le gouvernement du Roi de conspiration contre lui-même : est-il étonnant que des feuilles étrangères aient recueilli ces ouï-dire, que tous les partis accréditaient également par leurs menaces ou leur défiance exagérée? Du moment que la justice était saisie, que les poursuites étaient dirigées par des hommes dont les prévenus devaient espérer au moins l'impartialité, quel dessein, quelle intention pouvait-on supposer à M. Decazes? Quelle que fût son opinion personnelle, comment serait-il responsable de ce que fait la justice, ou plutôt de ce qu'elle ne fait pas?

M. Clausel, sentant peut-être la faiblesse de cette dernière attaque, a voulu la corroborer d'une autre conspiration royaliste qu'il suppose également inventée par M. Decazes. On avait à peu près oublié qu'en 1818, deux individus, Legal et Leguevel, furent jugés par une cour du Morbihan, comme ayant cherché à exciter à la révolte d'anciens et fidèles Vendéens. Aux yeux de M. Clausel, voilà la preuve que M. Decazes voulait faire mettre en jugement tous les royalistes de France. Un mot détruira cet échafaudage. M. Decazes fit en effet mettre en jugement ces deux individus, qui s'étaient présentés à l'autorité comme révélateurs d'un mouvement qu'ils avaient supposé. Où donc trouvez-vous ici cette partialité conspiratrice d'un ministre empressé d'accuser les royalistes ? Ce sont les dénonciateurs qu'il envoie devant les tribunaux. Pas un seul des dénoncés n'est mis en jugement; c'est au contraire, le degré de vraisemblance ou d'invraisemblance attaché à la personne des accusateurs que M. Decazes fait d'abord éclaircir et juger par les tribunaux. Quel homme de bonne foi ne verra pas dans cette conduite la juste défiance qu'avait M. Decazes de toutes ces offres de conspiration à découvrir et à vendre, dont un ministre de la police est constamment assailli, et qu'il a su plus qu'aucun autre reconnaître et mépriser ?

Nous pouvons dire au contraire avec franchise une chose qui n'est douteuse pour aucun esprit raisonnable, et que plus d'un administrateur a

pu vérifier par lui-même. Nos troubles civils ,
l'événement de la restauration, l'ardeur du zèle
dans les uns, l'esprit d'intrigue dans quelques
autres, les habitudes locales et militaires de
quelques provinces , les divisions religieuses de
quelques autres , avaient dû laisser sur plusieurs
points des restes d'association politique dans
l'intérêt supposé de la cause royale. Ce fut toujours par la modération , par une sage réserve,
que M. Decazes s'efforça de faire disparaître ces
débris d'une résistance qui n'avait plus d'objet,
et ne pouvait plus être qu'un moyen d'anarchie.
Les hommes qui, en 1815, avaient annoncé la
prétention d'être plus rois que le Roi, devaient
trouver fort mauvais que l'on n'encourageât pas
l'institution des Francs régénérés, la société de
l'Anneau, et la compagnie des Verdets ; mais un
gouvernement vraiment royaliste devait effacer
ces moyens de discorde , ces prétextes de haine
et de défiance. La royauté ne doit pas être servie
par des bandes secrètes , quand elle a pour elle
un grand peuple.

Des principes semblables ont été appliqués
dans un département trop long-temps désolé par
des réactions sanguinaires, le département du
Gard (1). Nous osons le dire, quoique nous ayons

______

(1) Voir la note 2.

concouru à quelques-uns de ces actes, rien nétait plus digne du gouvernement du Roi que la protection légale qui a été assurée, que les réparations qui ont été accordées aux protestans du midi. Que M. Clausel essaie de plaindre et de justifier les assassins de Nîmes, qu'il présente quelques excuses en faveur d'un homme dont le nom affreux coûte à prononcer, qu'il attaque violemment M. de Serre pour avoir blâmé quelques absolutions scandaleuses commandées par l'esprit de parti, nous concevons ce langage de M. Clausel; mais tout administrateur public doit s'honorer de penser autrement. L'ordre a été rétabli dans le département du Gard; une population nombreuse replacée sous le régime égal de la loi, a senti avec reconnaissance l'action du Monarque législateur qui rendait à ses sujets protestans, non pas seulement la liberté *nominale* du culte, mais la sûreté personnelle de ceux qui l'exercent. Ce souvenir vivra dans le département du Gard, bien autrement que celui de Cromwel que M. Clausel va chercher dans l'histoire, comme s'étant autrefois intéressé aux protestans du midi, ce qui lui paraît prouver l'esprit révolutionnaire des protestans de nos jours.

Après cette accusation dont M. Decazes se faisait un titre de gloire, s'élevait le droit de l'accepter toute entière. M. Clausel ne lui reproche plus, dans la session de 1819, qu'un genre de d..it, assez difficile à qualifier, et qui inspirera, nous le croyons, plus d'indignation contre l'accusateur que contre le ministre. Il l'accuse d'avoir obt·nu du Roi plus de lettres de grâces *qu'il n'en avait été accordé en France depuis Louis XIV*. Il n'a pas osé dire depuis Henri IV. Cette fois, M. Clausel est sincère; dans cette étrange accusation, présentée avec une telle naïveté, nous reconnaissons et son cœur et sa politique; mais parmi les grâces, il en est une qui l'irrite plus encore que les autres. *Une telle grâce*, dit-il, *est la manière la plus criminelle comme la plus sûre de renverser un trône;* en l'obtenant, M. Decazes était conséquent; *il cherchait des complices.* M. Clausel veut parler de la grâce accordée à M. Regnault-de-Saint-Jean-d'Angely. On sait que M. Regnault était frappé de la plus affreuse des calamités qui puisse atteindre un homme dans la force de l'âge. Sa famille consternée conjurait le Roi de permettre qu'il fût transporté à Paris, où les secours de l'art donnaient encore quelque espérance de son rétablissement moral et physique. Le cœur du Roi ne fut pas insensible à de si grandes douleurs; il permit le retour de M. Regnault: le malheureux expira trois heures après son arrivée. Et c'est contre une telle grâce, accordée dans de telles circonstances, que M. Clausel espère exciter l'indignation générale! Cette grâce était un tombeau. Homme sans pitié comme sans justice, vous avez mal connu le cœur des Français en leur dévoilant ainsi le vôtre! Quelques-uns peut-être partageront vos opinions; mais tous désavoueront vos sentimens. Quand vous oserez présenter à la Chambre cet épouvantable chef d'accusation, vous entendrez un murmure général, tel que celui qui s'éleva dans la Chambre de 1815 elle-même, quand vous proposâtes de rétablir la confiscation; tel que celui qui s'éleva dans la Chambre de 1816, quand vous proposâtes de retirer le pain de l'exil aux réfugiés espagnols. Et quand ensuite vous vous présenterez comme le défenseur de la religion, chacun s'écriera : Sa religion n'est pas la nôtre! Non, M. Clausel, il ne vous appartient pas de prendre les intérêts d'une religion toute de miséricorde! Elle vous désavoue, et ceux qui la chérissent, redoutent des auxiliaires tel que vous, plus que tous ses enne-mis! (1)

Après tant d'accusations ou absurdes ou étran-

____

(1) Voir la note 3.

gères à l'administration particulière de M. Decazes, nous en rencontrons une nouvelle qui,
par le caractère du fait en lui-même, et par
l'exposé frauduleux que s'est permis M. Clausel,
mérite une réfutation spéciale.

M. Clausel suppose que M. Decazes, vers la
fin de 1818, à l'époque où il fut sur le point de
quitter le ministère, présenta inopinément au
Roi un rapport pour provoquer la rentrée des
conventionnels bannis par la loi du 12 janvier
1816. Mais ce rapport, ainsi qu'il résulte des
premières expressions, ne faisait que réunir et
appliquer des décisions partielles prises par S. M.
dans son conseil, depuis plusieurs années. Que
dirait M. Clausel si on lui apprenait que les deux
premières décisions de ce genre ont été provo-
quées en 1816, l'une par M. le duc de Feltre et
l'autre par M. de Vaublanc, et que, depuis lors,
le conseil s'est plusieurs fois occupé de semblables demandes. Les premières décisions du
conseil en 1816 avaient, à la vérité, interprété
la loi avec une rigueur qui fut, dans la suite,
adoucie. Le mot de fonctions publiques accep-
tées sous l'usurpateur, avait été appliqué à tout
espèce d'emploi *gratuit et municipal*, et à la présence même dans les colléges électoraux. M. Decazes, exécuteur de cette décision, écrivit en

ce sens une circulaire que M. Clausel cite et al-
tère souvent dans les termes. Plusieurs décisions
intermédiaires, rendues avant le rapport de
M. Decazes, modifièrent cette première règle. Des
exceptions furent accordées à ceux des conventionnels qui n'avaient pas signé eux - mêmes
l'acte additionnel, à ceux qui n'avaient rempli
que des fonctions de *salubrité publique, d'ensei-*
gnement ou de charité, à ceux qui n'avaient occupé
que des *fonctions municipales non salariées,* et
dont la nomination *n'était pas faite par l'usur-*
pateur, à ceux enfin *qui n'avaient que siégé au*
champ de Mai ou au collége électoral de leur département ; ce dernier acte constituant l'exercice d'un droit, mais non pas l'occupation de
fonctions publiques. Aux yeux de tout homme
de bonne foi, cette interprétation peut-elle être
refusée à la clémence du Roi ; le mot *fonctions*
inscrit dans la loi, ne permet-il pas d'en excepter
les fonctions non politiques ; n'autorisait-il pas
les exceptions successivement introduites ; et,
quand M. Decazes les réunit dans le rapport du
20 novembre 1818, fit-il autre chose que présenter à la sanction de S. M., des motifs déjà connus et approuvés d'elle, puisqu'ils avaient servi
de base à des décisions particulières antérieurement rendues et citées dans ce même rapport ;

ainsi tombe cette grande accusation. Commen
M. Clausel de Coussergues ose-t-il maintenant
supposer, dans le texte de ce mémoire, que ce
rapport fut fait par M. Decazes à l'insu de ses
collègues, lorsqu'il avoue, dans ses notes, que
le tableau joint à ce rapport portait pour titre :
Tableau collectif des noms des ex-conventionnels,
à l'égard desquels S. M. a bien voulu déclarer
*dans son conseil, que les dispositions de la loi
n'étaient pas applicables.* — Quand on fait un libelle calomnieux, il ne faut pas démentir le texte
par les notes.

Mais des sursis indéfinis ont été accordés par
le Roi en faveur d'autres conventionnels évidemment passibles de la loi. Ici une question se
présente qu'il faut aborder nettement : le Roi,
frère de Louis XVI, héritier de ses vertus, dépositaire de son immortel testament, monarque dont la magnanimité s'était abstenue de
toute initiative sur le bannissement des hommes
protégés par le vœu sublime du martyr qu'ils
avaient fait, ne pouvait-il pas, sans déroger à la
loi, accorder à quelques-uns de ces hommes
la faculté de venir obscurément mourir en France,
en vertu d'un sursis qui ne leur rendait aucun
droit. Vous dites vous-même que le premier
des hommes inscrits sur cette liste, méritait

quelques égards ; vous citez une phrase éloquente de M. Châteaubriant en faveur de cet homme. D'autres repentirs, d'autres misères, d'autres douleurs n'ont-elles pu obtenir la pitié ? Vous, qui connaissez si peu la grandeur des vertus de ces Princes que vous calomniez par votre zèle, savez-vous à qui l'auguste fille de Louis accorde une pension ? Vous demandez devant quel tribunal ont été entérinées les lettres de grâce de ces hommes : mais ils n'avaient pas été condamnés devant un tribunal ; mais il ne s'agissait pas d'une grâce ayant des effets judiciaires, puisque, relativement aux droits politiques, ils restent sous l'interdiction prononcée par la loi ! C'est un sursis d'exil accordé à quelques vieillards, accablés la plupart de graves infirmités ; leur grâce est entérinée au bas du testament de Louis XVI.

TROISIÈME PARTIE.

M. CLAUSEL, après avoir péniblement accumulé une foule d'accusations mensongères, après avoir falsifié des faits, morcelé des correspondances, compilé des lambeaux de libelles, se trouve cependant à une prodigieuse distance de l'horrible accusation qu'il a osé proférer. Où sont, jusqu'à présent, les atteintes portées à la succession légitime? Quel rapport tant d'assertions, si facilement repoussées, ont-elles avec le crime de Louvel? Est-ce l'ordonnance du 5 septembre qui a ébranlé le trône? Est-ce le Roi dans l'exercice d'une prérogative éminemment royale et personnelle? Sont-ce tous les ministres dans leur participation à cette grande mesure, que M. Clausel veut rendre complices du danger prétendu de la monarchie? Quel est cet injurieux ménagement de M. Clausel pour les hommes honorables qui ont été les collègues, les auxiliaires de M. Decazes; qui, dans leurs départemens respectifs ou dans les affaires générales, ont souvent exercé une influence supérieure à la sienne? Quelle est cette outrageante estime

que M. Clausel prodigue à M. le duc de Richelieu, lorsqu'il le fait par faveur disparaître du
gouvernement où il occupait une place si con-
sidérable, et qu'il le sauve du reproche de complicité, en le supposant ou indifférent ou sans
action politique? Quelles plaintes ne doivent pas
élever contre M. Clausel, tous ceux dont il ne
parle pas, et qu'il réduit ainsi à avoir été les approbateurs aveugles ou les coupables auxiliaires
d'une conspiration flagrante dirigée contre la
monarchie! Car enfin, dans cette série d'accusations que nous avons parcourue, nous ne voyons
rien où la culpabilité, si elle était prouvée, soit
personnelle à M. Decazes. Il n'aurait pas lui-
même le droit de se déclarer responsable des
choses dont il pourrait d'ailleurs le plus justement s'honorer. Dans une première époque,
M. Clausel ne peut attaquer M. Decazes, sans
mettre en cause toute l'administratiou de M. le
duc de Richelieu; dans une seconde époque,
M. Clausel ne peut encore attaquer M. Decazes
sans atteindre la plus grande partie du ministère actuel, non que M. le duc Decazes ait besoin
de se couvrir d'aucune solidarité, non qu'il désavoue ce qu'il a personnellement fait, ce qu'il
a voulu. Mais enfin, il faut que M. Clausel
nous dise comment des grâces royales, si-

gnées par M. le garde-des-sceaux, étaient le crime de M. Decazes; comment un ministère coupable par son association à M. Decazes, est innocent même pour le passé, depuis l'absence de M. Decazes. Que l'accusateur choisisse son terrain, mais qu'il nous laisse le parcourir tout entier.

A la fin de 1818, le ministère fut renouvelé sous la présidence de M. le marquis Dessolle. M. Clausel, fidèle à son plan d'une accusation collective dirigée contre M. Decazes seul, ne poursuit, dans les actes de ce ministre, que l'influence présumée de M. Decazes. Il la signale d'abord dans deux faits principaux : le rejet de la proposition de M. le marquis Barthélemy, et l'augmentation de la Chambre des pairs.

Nous ne protesterons pas de nouveau contre cette étrange manière de procéder, qui impute à M. Decazes les discours, les signatures de ses collègues. Mais M. Clausel affirme qu'au commencement de 1819, la majorité de la Chambre des députés était favorable au changement de la loi des élections: nous démentirons hautement cette assertion. Quelques élections produites par une influence d'opposition, étaient loin d'avoir persuadé à la Chambre qu'il fallût changer brusquement une loi aussi fondamentale que celle des élections. Beaucoup d'hommes éclairés qui concevaient une modification à cette loi, ne la croyaient possible que dans la supposition d'un système plus large, qui donnerait à la liberté légale plus d'appui qu'elle n'en ôterait à l'intrigue. Mais personne, dans la majorité de la Chambre des députés, n'imaginait de redescendre à la création de ces deux degrés, que l'on supposait généralement cachés dans la proposition du noble pair, qui se sont reproduits depuis cette époque, et que l'épreuve d'une discussion récente et le vœu même du gouvernement a repoussés sans retour.

M. Decazes et ses collègues, en s'opposant, en 1819, à l'attaque générale dirigée contre la loi des élections, partageait donc le vœu de la majorité de la Chambre des députés, et, parmi leurs auxiliaires les plus zélés, se trouvaient beaucoup d'honorables membres, qui ont cette année voté pour le changement de la loi qu'ils avaient alors énergiquement défendue. Tant de nouvelles causes ont pu, depuis cette époque, modifier leur conviction! Croit-on qu'il s'agit, en 1819, de savoir si la loi des élections serait à tout jamais déclarée parfaite et inviolable, s'il serait défendu d'y corriger quelques défauts patens, et qui furent alors reconnus à la tribune par

M. Decazes et par un de ses collègues? Non certes: il s'agissait de savoir si un changement législatif amènerait une invasion de parti; il s'agissait de savoir si la modification d'une loi constitutionnelle serait faite dans un intérêt purement aristocratique, et à une époque où tant d'intérêts nouveaux étaient encore placés hors du gouvernement. Sous ce rapport, sans doute, le respect pour la couronne et la vérité, oblige de voir dans l'ordonnance qui créa soixante pairs, non pas un expédient borné à un seul objet, mais un développement d'institution, une mesure analogue à l'état de la France. Sans doute il ne me conviendrait pas de dire que tous les noms inscrits sur cette liste se présentent avec des titres égaux; mais est-il permis à quelqu'un en France d'insulter une nomination qui portait à la Chambre des pairs tant de généraux illustres, dont la gloire est inséparable de la France nouvelle adoptée par le Roi, beaucoup de grands propriétaires, des administrateurs distingués par d'éminens services rendus à l'industrie, d'anciens ministres dont le talent et la probité étaient généralement honorés.

Sortons des vues étroites de l'esprit de parti. Une création nouvelle qui laisse notre Chambre des pairs moins nombreuse que la Chambre des lords d'Angleterre, et qui ajoute à tant de gloires anciennes et nouvelles qu'elle renfermait déjà, d'autres noms parmi lesquels il en est beaucoup de célèbres et de nationaux, une telle création n'est pas le crime d'état d'un ministre ; elle est un grand acte de la prérogative du Souverain. M. Clausel cherche sur ce point dans les archives de l'Angleterre des assimilations sans objet. Il n'y a pas d'analogie entre l'antiquité de la pairie anglaise et la fondation constitutionnelle de la nôtre. Personne ne s'est avisé de proposer l'acccusation de M. le prince de Talleyrand, pour avoir contre-signé en 1815 la promotion simultanée de cent membres de la Chambre des pairs. On conçoit que, dans la première époque d'une institution, le pouvoir exerce une latitude de choix qu'il s'interdit ensuite par une loi de convenance politique que le temps seul peut créer.

M. le marquis Dessolle n'est pas plus exposé à accusation pour avoir contre-signé l'ordonnance du 5 mars 1819, que M. le prince de Talleyrand ne l'a été pour avoir signé celle du 30 juillet 1815. Mais, dans tous les systèmes, on demande ce que fait ici le nom de M. Decazes. M. Clausel s'aperçoit lui-même de cette difficulté ; mais il passe outre, et propose d'accuser M. Decazes d'avoir enfreint les droits et l'honneur de la *Chambre des pairs*, en faisant nommer soixante pairs pour s'en servir à ses fins. Insultantes et ridicules expressions bien dignes de l'homme qui reproche ailleurs à quatre ministres du Roi de ne pas payer chacun cent écus d'impôts! Ces soixante pairs n'ont pas été créés pour servir à d'autres fins que celles de la monarchie, de l'intérêt public et de la liberté légale, et M. Decazes n'est pas plus responsable de leur nomination que de la sienne (1).

―――――――――――――――――――――――――

(1) Voir la note 4.

QUATRIÈME ET CINQUIÈME PARTIES.

En accusant l'administration de 1819, M. Clausel oublie que M. Decazes était en butte à toute la virulence des pamphlets démocratiques, et que les ennemis de l'autorité royale, plus clairvoyans que ses partisans exclusifs, poursuivaient dans ce ministre un serviteur dévoué de la couronne, d'autant plus redoutable à leurs yeux qu'en attaquant l'esprit de faction quand il le fallait, il savait toujours rassurer les intérêts nouveaux ; il oublie que cette exaltation de l'esprit de parti fut dirigée contre M. Decazes, précisément parce qu'il était depuis quatre ans l'ennemi de tous les excès, et que les haines éclatèrent contre lui en proportion des obstacles qu'il leur avait long-temps opposés.

Aux yeux de M. Clausel, M. Decazes est coupable et de tous les délits de la presse (1) et de la loi qui ne parut pas d'abord assez puissante pour les réprimer, et de toutes les calomnies que les plus viles spéculations de haine et d'intérêt colportèrent en France et dans l'étranger.

---

(1) Voir la note 5.

Cette supposition était nécessaire pour soutenir
M. Clausel dans la plus odieuse partie de sa tâche,
dans la plus lâche et la plus absurde des accusa-
sations qu'il élève contre lui, la seule qu'il ne
puisse rattacher à aucun acte, qu'il ne puisse
justifier par aucun fait personnel, et pour laquelle il ne donne d'autre preuve que sa haine ,
et la supposition gratuite du projet le plus in-
sensé : « M. Decazes, ministre du Roi, comblé
« des bienfaits de l'auguste famille des Bour-
« bons, élevé par l'événement de la restauration
« à la plus haute fortune, a conspiré contre la
« succession légitime. » Et quelles sont, je ne
dirai par les preuves , mais les présomptions,
mais les soupçons qui peuvent autoriser une
supposition si contraire à la vraisemblance, au
bon sens, à la logique de l'intérêt le plus vul-
gaire? Les voici : M. Lainé a fait rendre, sous la
présidence et avec l'assentiment de M. le duc
de Richelieu, une ordonnance qui modifiait les
rapports de S. A. R. Mgr le comte d'Artois avec
la garde nationale. Eh quoi! cet acte, que deux
fidèles serviteurs du trône ont fait seuls, et
qu'ils ont fait loyalement, cet acte inoffensif
dans ses véritables auteurs , est une trahison
dans M. Decazes qui ne l'a pas fait. Mais quelques journaux anglais l'ont annoncé, l'ont ap-

prouvé; faible et misérable soutien d'une accusation odieuse. Eh quoi! lorsque dix journaux anglais étaient habituellement remplis des haines, des espérances, des anecdotes que recueillaient leurs correspondans de Paris, c'est dans quelques phrases de ces bulletins contradictoires et méprisés que vous chercherez les bases d'une si grave accusation. Nous dirons notre pensée sur les correspondances anglaises, qui ont fait long-temps un scandale public. Ouvrage de vingt mains différentes, armes de la haine, spéculation de parti, exploitation d'une vile cupidité, elles sont nées évidemment de l'état précaire de la France en 1815, et de la curiosité qu'il excitait en Europe. Peu de temps après cette époque, un journal, le *New-Times,* presque toujours rempli des éloges enthousiastes de la majorité de 1815, vomissait les injures les plus grossières contre le gouvernement du Roi de France. Quelquefois même d'odieuses et inconcevables attaques y furent dirigées contre la personne même de Sa Majesté. Aucun esprit raisonnable s'avisa-t-il d'attribuer cette criminelle inconvenance à quelques hommes de parti, d'ailleurs distingués, dont les noms se retrouvaient sans cesse avec de nouveaux éloges dans ces odieuses correspondances. Non sans doute; le *New-Times* devint célèbre par un dé-

goûtant scandale, dont la honte ne put rejaillir
sur aucun homme honorable. On sait que, dans
chaque opinion, il y a des hommes qui n'en sont
pas, pour ainsi dire, tant ils les poussent à l'extrême. On sait d'ailleurs qu'indépendamment de
l'opinion, il suffit de la position d'un homme
pour le désigner aux éloges ou aux injures des
colporteurs de libelles. Qui peut d'ailleurs re-
muer aujourd'hui cette fange? Qui peut aller
vérifier si M. Decazes a été plus souvent loué ou
insulté dans le Times, le Sun, le Courrier, le
Morning-Chronicle? Sont-ce là des appuis pour
une accusation horrible, dont l'invraisemblance
est attestée par tous les motifs de devoir et d'intérêt qu'on peut réunir? Au milieu de la plus
odieuse licence de la presse, en butte à tant d'attaques, M. Decazes a-t-il jamais négligé de défé-
rer aux tribunaux celles qui pouvaient s'adresser à l'auguste personne des Princes? N'a-t-il pas
fait insérer dans la loi de la presse un article
qui étendait sur eux l'inviolabilité du Roi? Ces
actes de clémence qu'on lui reproche d'avoir
obtenus du Roi, avec quel empressement ne les
a-t-il pas placés sous les auspices et l'inter-
vention généreuse des princes? Lorsque M. le
duc d'Angoulême portait à nos provinces tant de
bienfaits et de sages paroles, lorsqu'il se mêlait

à des associations de bienfaisance, le ministère qui cherchait, qui multipliait avec art les occasions où les lumières et la bonté du prince se manifestaient avec tant d'éclat, travaillait-il à éteindre les sentimens de fidélité pour les légitimes héritiers du trône? Voulait-il les dépopulariser en montrant leurs vertus ?

Mais, quoi que fasse M. Clausel, de quelques calomnies qu'il se soit armé, comment peut-il franchir l'intervalle qui sépare les misérables insinuations que nous venons de réfuter et le crime horrible que déplore la France? Nous pouvons dire à l'accusateur : Il y a long-temps que nous vous suivons à travers cette série d'accusations pour ainsi dire insignifiantes relativement à votre épouvantable promesse : il faut enfin que vous veniez à absoudre vos premières paroles, sinon de folie, au moins de calomnie volontaire et préméditée. Tout ce que nous avons réfuté jusqu'à présent était connu, répété dans mille pamphlets. Parlez : qu'avez-vous à nous apprendre sur le crime du 13 février? Une longue et solennelle instruction a préparé le jugement de la Chambre des pairs. Cinq cents témoins ont été entendus. Il est résulté du rapport de M. Bastard qu'aucune des précautions possibles commandées par la prudence humaine n'avait été négligée. Nous ne rentrerons pas sur ce déplorable sujet dans une discussion détaillée, dont la conscience d'aucun homme n'a besoin. Ceux même qui ont essayé de s'armer contre M. Decazes de l'événement affreux qu'il n'était pas en son pouvoir de prévenir, savaient bien que penser de cette épouvantable fatalité sous laquelle ils ont voulu l'accabler. Henri IV fut assassiné sous le ministère du vertueux et vigilant Sully. Lorsque Louis XV fut atteint, son autorité était confiée aux plus sages ministres qu'il ait eus pendant son règne. Le roi George fut frappé au moment où son royaume était dirigé par une administration habile autant que zélée. On sait au reste, et nous n'avons pas besoin de le rappeler, comment quelques personnes trouvant sans doute le reproche de négligence sur lequel appuie M. Clausel, bien faible et bien peu prouvé, essayèrent d'y suppléer par la fable du maire de Passy. La Chambre des pairs a lu les déclarations de ce magistrat, sur les propositions qui ont été faites pour envelopper M. le duc Decazes dans un faux témoignage. M. Clausel ne raconte point ce fait; mais son système d'attaque y fait penser.

C'est avec la même bonne foi qu'il interprète la circulaire de M. Decazes sur le crime du 13 février. On sait qu'un noble pair, trompé par un faux rapport, affirma, au grand étonnement de la Chambre, que, dans une lettre sortie du ministère de l'intérieur, l'assassinat du prince était attribué à une vengeance individuelle. M. le comte Siméon rétablit la vérité, en venant lire à la Chambre l'original de cette circulaire; et nous avons encore présente l'impression qu'elle fit sur tous les esprits confondus de l'erreur qu'on avait avancée. M. Clausel veut tirer aujourd'hui de cette pièce une autre accusation, et il la cite en la morcelant; il en supprime toute la fin, qui renferme les injonctions les plus positives sur la recherche de tous les indices de complicité.

Il rapporte une phrase où le ministre ordonne de surveiller les voyageurs qui propageraient de fausses craintes. Aux yeux de M. Clausel, ces voyageurs sont nécessairement des royalistes. Eh quoi! s'il eût existé un complot, le récit mensonger de la mort du Roi, d'une insurrection dans Paris, du danger de toute la famille royale, n'aurait pas pu servir et prouver la conspiration? De pareils bruits ne pouvaient pas augmenter l'agitation des provinces? L'autorité n'en devait pas arrêter les auteurs?

Nous rapporterons ici cette circulaire (1), insi-
dieusement tronquée par M. Clausel, et elle
produira sur tout lecteur le même effet qu'elle
produisit à la Chambre des pairs, où elle servit
de réponse à une supposition presque semblable,
mais qui, du moins, n'était pas fondée sur l'altéra-
tion volontaire d'une pièce officiellement publiée.

Ne devrions-nous pas nous arrêter ici pour
laisser M. Clausel sous cette démonstration d'une
odieuse imposture, dans le point capital de son
accusation? Pourquoi lui-même cherche-t-il à
prolonger son attaque, à la porter sur d'autres
objets? N'est-ce point par le sentiment de l'impuissance de sa haine, et, pour ainsi dire, par
la conscience de sa calomnie?

Tout ce qu'il ajoute, en effet, relativement à
la religion, est dénué de la plus légère vraisemblance. L'importance d'un aussi grave sujet
exigerait des développemens qu'il nous était difficile de réunir immédiatement; mais le plus
simple raisonnement dira que la religion ne fut
pas persécutée par le ministre qui fit conclure
avec la cour de Rome un arrangement provisoire
dont l'Église de France se montra satisfaite, et
qui s'est empressé de multiplier le nombre de
prêtres auxiliaires, et d'assurer à une foule

____

(1) Voir la note 6.

commnnes les secours religieux dont elles étaient
privées avant et après la restauration.

M. Clausel fait cependant résulter de la conduite de M. Decazes, relativement à la religion,
cinq nouveaux chefs d'accusation par lesquels il
termine sa longue diatribe.

On peut croire que les difficultés survenues
dans quelques départemens au sujet des ecclé-
siastiques missionnaires occupent une grande
place dans cette partie de l'accusation. Il est
vrai que ces difficultés avaient précédé l'entrée
de M. Decazes au ministère de l'intérieur, et
qu'elles se sont reproduites depuis son éloi-
gnement; il est vrai qu'elles tiennent à l'état des
esprits, et nullement à l'influence de l'autorité.
Mais M. Clausel les impute à M. Decazes seul,
c'est-à-dire au ministre qui, dans un intervalle
de onze mois, a fait pour le culte plus de choses
favorables et décisives que les circonstances
n'avaient permis d'en faire depuis quatre ans.
Sans doute ces mesures prises par M. Decazes
n'ont été dirigées que vers la prospérité de la
religion, et non dans un intérêt de parti. Multiplier le nombre des prêtres dans les pauvres
communes, distribuer au clergé des secours
abondans et des moyens de charité, hâter la con-
clusion d'un arrangement avec la cour de Rome,

qui assure tous les résultats religieux du concordat de 1817, et éloigne seulement les prétentions inquiétantes et les expressions contraires à la Charte que ce concordat paraissait renfermer; voilà ce que M. Decazes a fait, voilà les services que les hommes vraiment religieux et plusieurs membres amis du clergé ont sincèrement reconnus. Mais il n'y a rien dans ces actes qui favorise l'esprit d'intolérance, le zèle persécuteur, et qui fasse servir la religion au triomphe d'un parti. Nous trouvons donc fort naturel que M. Clausel en soit peu satisfait.

Mais croira-t-on que ce même accusateur imagine de poursuivre M. Decazes, *en raison des alarmes qu'il aurait données aux protestans sur le libre exercice de leur culte?* Ce chef d'accusation, aussi étonnant par la rédaction que par le sens, mérite d'être cité. M. Clausel accuse donc M. Decazes *d'avoir, par ces atteintes portées au libre exercice de la religion de l'état, donné de justes inquiétudes aux fidèles sujets de S. M. qui appartiennent aux autres communions chrétiennes, en leur faisant craindre d'être troublés aussi dans le choix de leurs prédicateurs et des autres ministres de leur culte.*

Eh quoi! M. Clausel, ces protestans qui ont supporté avec inquiétude, et qui même ont cherché à éluder par la loi l'obligation de *tendre* pendant les fêtes catholiques, ces mêmes protestans étaient inquiets de ce que les cérémonies extérieures du culte catholique recevaient quelques restrictions !

Les protestans du midi, trop favorisés, selon vous, sous l'administration de M. Decazes, se seraient crus persécutés par l'arrêté du maire de Croï, relativement aux actes extérieurs d'une mission catholique? En vérité, cet excès d'absurdité dispense de longues réflexions. Nous le donnons comme un modèle de la manière de raisonner de l'accusateur. Si M. Clausel n'avait pas lui-même affaibli, par une telle absurdité, toutes ses attaques sur un sujet aussi grave que celui de la religion, nous ne nous bornerions pas à ce seul fait; nous repousserions l'odieuse calomnie par laquelle il ose attribuer à M. Decazes une participation dans les désordres religieux de Brest, tandis que ce ministre a puni, par une destitution rigoureuse, les fonctionnaires qui ne s'y étaient pas fortement opposés. Nous lui demanderions comment il prétend faire un crime à M. Decazes d'avoir laissé mettre en usage, sous son ministère, des réglemens de surveillance municipale, toujours reconnus depuis le concordat de 1801, souvent appliqués depuis la restauration, et qui le sont encore aujourd'hui; enfin nous repousserions ce ridicule reproche d'avoir autorisé des caricatures impies qui ne pouvaient être poursuivies que par les tribunaux, d'avoir corrompu l'instruction publique, d'avoir rendu athée une loi qu'il n'a pas faite, et que les Chambres ont votée avec un amendement religieux. Mais il est temps de finir, et il n'y a pas besoin de répondre à tout pour tout réfuter.

Quel ministre a plus fait pour les véritables intérêts de la religion, de l'humanité et avec moins d'ostentation et de faste pendant la courte durée de la présence de M. Decazes au département de l'intérieur?

Huit cent mille francs, distribués aux communes pour la réparation des églises et des presbytères.

Cinq cents nouvelles succursales érigées, 200 cures de seconde classe portées à la première; et les vénérables pasteurs qui les occupaient récompensés par une augmentation de traitement.

L'institution des prêtres de secours, si utile, si sage, si nécessaire, venant répandre l'instruction chrétienne, et rétablir le culte dans les campagnes qui en étaient privées.

Les congrégations de femmes destinées au soulagement des malades ou à l'instruction des jeunes filles pauvres, soutenues, encouragées et recevant 200,000 fr. de secours

Trois cent mille fr. consacrés à l'agrandissement et à l'assainissement des séminaires de Paris.

Semblable somme répartie entre les autres séminaires de France pour subvenir à l'insuffisance de leurs budgets.

Les pasteurs en retraite pour cause d'infirmités, d'anciennes religieuses, recevant des mains de leurs évêques la distribution des fonds mis à leur disposition pour adoucir leurs infortunes.

Dirai-je les encouragemens de tous genre accordés à tout ce qui pouvait propager les bienfaits de l'enseignement dans les classes inférieures, et accroître la masse des lumières, c'est-à-dire la connaissance et la pratique de tous les devoirs? Les prisons assainies, leur régime intérieur amélioré, le travail chassant l'oisiveté et corrigeant le vice dans ces séjours de la douleur, et toutes les misères qui les habitent placées sous la protection la plus auguste comme sous l'égide de la bienfaisance la plus active.

Et c'est malgré les obstacles sans nombre que lui suscitaient la divergence des opinions et la lutte des partis, c'est au milieu des attaques et des intrigues diverses dont il était incessamment poursuivi, que M. Decazes, dédaignant le soin de sa propre défense, mais sans négliger aucun de ses devoirs politiques, a trouvé le secret d'opérer tant de bien, de soulager tant de malheurs, de pourvoir aux besoins du culte et de l'instruction, et de créer tant d'établissemens utiles! Non, M. Clausel, votre accusation insensée d'irréligion et d'impiété ne retombera que sur vous; car la religion, la piété, la morale défendent également la calomnie.

CONCLUSION.

Nous avons parcouru le cercle à peu près entier des calomnies de M. Clausel. Au moment
d'achever cet écrit, tracé à la hâte dans le premier mouvement de l'indignation et de la conscience, une réflexion se présente à nous. Si M. le
duc Decazes, homme nouveau sans doute, et
c'est un titre privilégié à certaines animosités,
mais homme distingué par l'esprit, par la no-
blesse et la modération du caractère, protégé
enfin par une auguste bienveillance, a pu être
l'objet d'une accusation épouvantable, qui tend
à la perte de son honneur et de sa vie; si M. Decazes, qu'une sorte de disposition naturelle des-
tinait particulièrement à concilier les esprits, à
désarmer les haines; si M. Decazes, à qui l'ex-
périence et le sentiment des difficultés présentes
apprenaient à ménager quelquefois les préjugés,
à transiger avec les prétentions; si M. Decazes,
dont ses ennemis même ont dit souvent qu'il se
ferait tuer au pied du trône, M. Decazes que
l'honneur et la reconnaissance attachent invio-
lab'ement à la monarchie et à la personne sa-

crée du Roi, est poursuivi avec ce degré de violence et d'acharnement, il faut expliquer ce résultat par quelque autre motif qu'une haine
individuelle. Non, ce n'est pas M. Decazes que
l'on attaque avec tant de fureur. Pour M. Clausel
lui-même, le grand objet de haine, ce n'est pas
M. Decazes. Là se révèle la profonde rancune
de quelques hommes contre toutes les existences
et tous les intérêts de la France nouvelle. C'est
elle qu'ils regardent comme conspiratrice et qu'ils
veulent humilier et punir. Ce qu'on poursuit
dans M. Decazes, c'est, d'abord et avant tout,
l'ordonnance du 5 septembre, c'est-à-dire le dé-
saveu royal de tout système exagéré, la déclaration de l'inviolabilité de la Charte, la garantie
donnée à tous les droits qui venaient d'être im-
prudemment menacés; ce que l'on poursuit dans
M. Decazes, ce sont les paroles de confiance,
qu'au nom du Roi il adressait de la tribune des
Chambres aux anciens militaires; ce que l'on
poursuit dans M. Decazes, ce sont tant d'existences nouvelles, relevées et consacrées par le
trône; ce sont les encouragemens éclatans don-
nés à l'industrie; le commerce hautement ho-
noré par l'estime royale; les chaires créées pour
le développement des arts utiles; enfin, tout
ce système conforme également aux intérêts du

Roi et des sujets, et qui n'a d'autre but que d'augmenter la masse des lumières, l'activité de l'industrie, de satisfaire les ambitions honorables, et d'attacher inséparablement au trône les fortunes et les talens de la France nouvelle. Si l'on pouvait détruire ces résultats, on pardonnerait volontiers à M. Decazes ; on cesserait de le poursuivre. Son élévation particulière n'offenserait pas, si elle disparaissait dans la servitude générale. Mais tant de notabilités guerrières et civiles rendues à leur premier éclat, tant d'hommes nouveaux adoptés par le Souverain, le système représentatif, c'est-à-dire le privilége du talent et la liberté de tous, également consacré : voilà ce que ne peut supporter M. Clausel ; voilà ce qui excite, de la part d'un bien petit nombre d'hommes, une haine que M. Decazes ne saurait désarmer : car s'il a pu reconnaître et apprécier l'état des choses, il n'a jamais été en son pouvoir de le changer ; et c'est encore aujourd'hui cet état de choses que ses ennemis voudraient détruire, et dont ils lui imputent la durée.

NOTES.

(1) COPIE *d'une lettre du ministre de la police générale, en date du 1ᵉʳ. mars 1816, à S. Exc. le ministre de la guerre.*

MONSIEUR LE DUC,

La situation du département de l'Isère y nécessite impérieusement la présence d'une force armée prise hors de ce département. Les rébellions à la gendarmerie y sont fréquentes, et y restent impunies faute de moyens de répression. Je supplie V. Exc. de faire diriger sur ce point au moins un bataillon de légion départementale, dussent les soldats n'être pas habillés. J'apprends que la légion de l'Indre se porte sur Paris. Elle y sera certainement bien moins utile qu'elle ne l'aurait été à Grenoble. Cette utilité est telle que je n'hésiterai même pas à provoquer de V. Exc. l'envoi sur ce point d'un ou deux bataillons de la garde royale elle-même. Je la prie de prendre ces observations dans la plus haute considération.

Signé le comte DECAZES.

M. Clausel, qui accuse M. Decazes de n'avoir pas fait arrêter Didier, l'accuse dans un autre lieu de n'avoir pas fait poursuivre M. de Maubreuil, pour des délits politiques; celui-ci en effet n'a été jugé que sur le fait de la soustraction des diamans de la princesse de Wurtemberg, et cependant il résulte d'une lettre du ministre que Maubreuil était également prévenu de machinations très-coupables. M. Clausel en conclut qu'on a voulu soustraire ces dernières accusations aux regards de la justice.

Mais comme il faut qu'il se contredise sans cesse, il dément lui-même son assertion, en copiant l'écrou de Maubreuil. Il est conçu en ces termes : 10 mars 1817, *mis à la disposition du procureur du Roi*, par le préfet de police, comme prévenu de *machinations politiques* et de vol de diamans de la princesse de Wurtemberg. Ce procureur du Roi est M. Jacquinot Pampelune, et le procureur général, dont M. Jacquinot relève, est M. Bellart.

Maubreuil a comparu devant plusieurs autres tribunaux, et il a été à la disposition d'un grand nombre d'autres magistrats.

Si les preuves des machinations de Maubreuil n'étaient pas suffisantes, la justice n'a pas dû le faire juger sur ce chef d'accusation ; si d'autres motifs ont suspendu les poursuites (ce que nous ignorons entièrement), il n'appartenait qu'à la justice de les apprécier, et peut-on rendre M. Decazes responsable de faits qui n'étaient ni dans sa juridiction, ni de sa compétence ? Peut-on supposer qu'il n'ait trouvé parmi tant de magistrats que des complices ou de vils complaisans ? Quelle idée M. Clausel veut-il donner à l'Europe du corps respectable de la magistrature française ? Lui, qui a l'insigne honneur d'en faire partie, lui appartient-il de l'injurier de la sorte ?

(2) Dans une longue note sur le département du Gard, M. Clausel mentionne quelques faits qui me sont personnels et que je dois relever :

1°. Il rappelle qu'un avocat a fait remarquer, en pleine audience, que j'avais fait un voyage dans le département du Gard, à l'époque où la pétition de M. Madier de Montjau avait été expédiée de Nîmes.

Cette assertion est une insigne imposture. Je n'ai fait aucun voyage dans le département du Gard, depuis que j'en ai quitté l'administration; je n'ai eu aucune connaissance de cette pétition jusqu'au moment où elle est devenue publique à Paris.

2°. M. Clausel relève la différence de 6 ou 700 noms qui existe entre l'ancienne et la nouvelle liste des électeurs du Gard. La plus légère attention en eût fait discerner la cause; l'avant-dernière élection avait été faite par le collége électoral de Bonaparte; le dernier collége comprenait tous les citoyens domiciliés dans le département, et payant 300 fr. de contributions directes, conformément à la loi du 25 février.

3°. M. Clausel s'étonne de l'inscription de mon nom sur cette dernière liste, et il considère comme une marque d'audace le refus que j'ai fait de l'en effacer. M. Clausel ignore-t-il que, si les préfets ne peuvent être nommés députés par les départemens qu'ils administrent, rien ne leur interdit la faculté de faire partie des colléges électoraux?

Pourquoi n'aurais-je pas usé de cette faculté puisque je remplissais incontestablement toutes les conditions prescrites par la loi? Pourquoi me serais-je privé de

l'usage de mes droits civils, et aurais-je violé la loi à
mon détriment, pour satisfaire à un caprice bizarre?

Comment M. Clausel n'a-t-il pas remarqué que la
lettre qu'il cite ne contient que l'application d'une décision de M. Lainé, alors ministre de l'intérieur?

Mais en voilà bien assez sur ce qui me concerne.

Je n'entrerai avec M. Clausel dans aucune controverse
sur ce qu'il raconte des troubles du Gard. Ces déplora-
rables événemens sont connus; ils ont été jugés par l'opinion publique; rien ne pourrait m'être plus pénible que
d'en réveiller encore le douloureux souvenir. Cependant
comme ils sont devenus méconnaissables sous la plume
de M. Clausel, je dois déclarer que le récit qu'il en fait
contredit, dans plusieurs circonstances graves, et la noto-
riété publique et toutes les notions que j'ai pu acquérir.

Je demanderai enfin ce qu'ont de commun avec l'administration de M. Decazes les guerres civiles du
xvi⁰. siècle et la Saint-Barthélemi?

(3) M. Clausel attaque aussi très-vivement M. Decazes
au sujet de l'ordonnance rendue pour le général Gilly.
Mais le préambule de cette ordonnance constate qu'elle
a été accordée aux sollicitations de Mgr. le duc d'Angoulême, et M. Clausel ne peut l'ignorer. C'est donc le
prince lui-même qu'il censure indirectement : comment ose-t-il lui ravir un trait qui l'honore, pour en
former une accusation contre un des ministres du
Roi? De quel droit prétend-il déshériter le noble fils
de Henri IV de la grandeur d'âme de son aïeul?

(4) Il est si vrai que l'ordonnance du 5 mars n'avait
pas pour but spécial de rompre la majorité, que l'on
trouve, dans l'ouvrage même de M. Clausel, un exposé

de la situation de cette Chambre antérieurement à l'entrée des nouveaux pairs. Selon cet exposé, les deux partis qui divisaient la Chambre étaient composés de 80 membres d'un côté, et de 54 de l'autre; 30 pairs eussent donc suffi pour changer la majorité, et l'on n'en aurait pas nommé 60.

Mais il est réellement inconcevable que M. Clausel se soit permis de dire que, dès ce moment, *la France sentit que l'honneur de la pairie avait disparu*, et que, dans une de ses notes, il ait cherché à tourner en ridicule la Chambre toute entière.

Eh quoi! les noms du prince d'Eckmülh, des ducs d'Albuféra, de Dantzick, de Conégliano, de Trévise, du maréchal Jourdan, des généraux Becker, Belliard, Dubreton, Déjean, Dijon, Claparède, Maurice-Mathieu Marescot, Latour-Maubourg, Reille, Rampon, Rapp, Rutty, Sparre, etc., des amiraux Verhuel et Truguet, ces noms qui se présentent comme un faisceau de gloire, et qui ont illustré dans toute l'Europe les armes françaises, *auraient fait disparaître l'honneur de la pairie*. En vérité on ne sait comment qualifier cet excès d'audace!

Je demanderai encore quelle Chambre ne s'applaudirait de posséder dans son sein des hommes tels que MM. Daru, Chaptal, Lacépède, Plaisance, La Forêt, de Cadore, Montalivet, Mollien, Sussy, etc., qui tous ont bien mérité de la patrie, soit en honorant le ministère, soit en agrandissant le domaine de la science.

Mais il faut aller au fond de la question. Ce qui irrite M. Clausel, ce qu'il ne pardonne pas, c'est de voir les illustrations nouvelles représentées dans la Chambre des Pairs, lui qui voudrait sans doute que tous les services rendus depuis trente ans fussent ensevelis dans l'oubli.

Mais de quelque cause que provienne son dépit, nous le prierons d'expliquer comment il peut imputer cette mesure à trahison dans M. Decazes, tandis qu'il ne la considère dans M. Dessolle que comme une erreur politique.

(5) Nous sommes étonnés de voir présenter comme une accusation contre M. le duc Decazes un fait relatif à un numéro du *Censeur,* et dans lequel on a cherché à impliquer M. de Mirbel. Le caractère honorable de celui-ci repousse suffisamment les inductions envenimées que M. Clausel cherche à tirer de ce fait déjà discuté à la Chambre des pairs, et complètement éclairci.

Dans son discours du 19 janvier 1818, M. Decazes s'exprime en ces termes : « La saisie du quatrième volume
» du *Censeur* a donné sujet à de nombreuses attaques,
» auxquelles le noble pair s'est étonné que le gouverne-
» ment n'ait pas cru devoir répondre. Tant que ces at-
» taques et les calomnies auxquelles elles ont donné lieu
» de la part de quelques libellistes anonymes, sont restées
» ensevelies dans ces feuilles honteuses, le ministre a dû
» les mépriser, et ne pas descendre à les repousser; mais
» il a toujours saisi avec empressement, et aura toujours
» intérêt à saisir les occasions de donner à cette Chambre
» toutes les explications que pourra exiger l'intérêt de la
» vérité.

» Il pourrait suffire de faire remarquer quel savant
» estimable qu'on attaque dans ces libelles, et dont il

» s'honore d'être l'ami, est connu de plusieurs nobles
» pairs, dont il a l'honneur d'être le collègue à l'acadé-
» mie des sciences, et qui savent, comme tous ceux qui
» ont su apprécier son caractère, combien il est inca-
» pable d'une action dont il aurait à rougir ; mais le mi-
» nistre ajoutera que les documens que les auteurs du
» *Censeur* ont pu tirer de cette source, n'étaient que de
» simples faits extraits de la correspondance tenue pour
» un journal, dont ce savant veut bien surveiller, sans
» intérêt, depuis plusieurs années, la partie relative aux
» sciences ; que, d'ailleurs à cette époque, il n'avait pas
» encore été appelé par la confiance du Roi à la place
» de secrétaire général du ministère de la police ; et qu'en-
» fin le volume même où ces faits auraient été insérés
» en tout ou en partie, et auraient fourni des sujet d'ar-
» ticles à ses auteurs, déposé au ministère avant sa pu-
» blication, a été saisi avant la délivrance du récépissé,
» et a été supprimé par suite de la condamnation qu'il a
» encourue. On ne prétendra pas de bonne foi, sans
» doute, que l'autorité qui agit ainsi avait encouragé le
» délit pour avoir occasion de le punir, et ce n'est pas
» dans cette enceinte que le ministre croit avoir besoin
» de repousser une si injurieuse et si ridicule suppo-
» sition. »

L'issue de la discussion prouva en effet le cas que la
Chambre des pairs faisait de cette accusation. Comment
peut-on revenir encore sur des griefs rebattus et depuis
long-temps appréciés !

(6) Circulaire. — *Paris*, 24 *février* 1820.

Un déplorable attentat vient de consterner la capitale; Monseigneur le duc de Berri, frappé par un assassin, a succombé ce matin à six heures. Le prévenu est arrêté. La Chambre des pairs va connaître son crime.

Dans la juste horreur qu'inspirera partout cet odieux forfait, il importe de suivre la trace de tous les bruits auxquels il pourra donner lieu, et de surveiller ceux des voyageurs qui propageraient de fausses craintes et qui joindraient à la nouvelle d'un fait déplorablement véritable, le récit alarmant d'autres périls et d'autres malheurs qu'ils supposeraient avoir frappé la Famille royale.

Le Roi, dans la profonde douleur d'un coup si affreux, est attentif aux besoins de son peuple et à la sûreté de l'état. Une procédure solennelle va s'instruire ; les indices accidentels les plus légers peuvent avoir leur importance, et l'administration doit les recueillir avec soin, en mettant à cette recherche le calme et la régularité qu'exigent les lois. Il est essentiel de veiller également aux publications par la presse auxquelles ce déplorable événement peut donner occasion ; et dans le cas, peu vraisemblable, où il serait possible qu'un crime aussi infâme servit de texte à des professions de principes anarchiques et criminels, la plus grande célérité devrait être apportée pour en arrêter la circulation et pour appeler sur ces coupables écrits l'action du ministère public et des tribunaux.

Le gouvernement reconnaîtra, dans l'activité et la sage mesure que vous montrerez dans cette occasion, votre dévoûment accoutumé au service du Roi.

Recevez, etc.

Signé le comte Decazes.

M. Clausel somme M. Decazes de lui répondre; il le déclare coupable s'il garde le silence. Mais à quel titre tient-il ce langage si hautain? Est-ce comme député? Non sans doute puisqu'il a reculé devant l'éclat de la tribune. Est-ce comme pamphlétaire? Et pourquoi M. Clausel réclamerait-il un honneur que M. Decazes a toujours refusé à ses pareils?

Du reste, dans cette compilation indigeste de tant d'accusations rebattues, M. Clausel a eu du moins la pudeur de nous épargner les stupides calomnies sur la fortune de M. le duc Decazes, tant répétées depuis quatre ans par de vils libellistes auxquels il n'a jamais daigné répondre. Ces propriétés immenses achetées dans une province où il ne posséda jamais d'autres biens que ceux de sa femme, ces prodigalités excessives qui auraient épuisé le trésor ou la liste civile, doivent cependant trouver à la fin un démenti formel et hautement exprimé, et nous saisissons cette occasion de le produire. La diminution de sa fortune atteste d'une manière à la fois honorable et fâcheuse son extrême désintéressement.